AF582084

EXTRAICT DE LA GENEALOGIE
de la Maison d'Anjou.

De Louys d'Anjou Roy de Sicille & Comte de Prouence, & d'Yoland d'Arragon sa femme sont yssus

René Roy de Sicile, Duc d'Anjou, & Comte de Prouence, decedé sans enfans masles, auquel succeda Charles son nepueu.

Charles Comte du Mayne, au profit duquel Yoland sa mere, feit don auec substitution des terres de Berré, Isle de Martigues, terres d'Istre & Tour d'Entressens, appartenances & dependances d'icelles. Lequel Charles eut pour enfans,

Charles Duc De Calabre & Comte du Mayne, en faueur duquel René Roy de Sicille erigea les terres d'Istre, d'Entressens, de Martigues & de Berré en Vicomté soubs le nom de Martigues, en l'an 473. auec prohibition de les aliener ou desvnir : & neantmoins ledit Charles vẽdit la terre d'Istre à Bertran Foissard, auec faculté de rachapt : & ce Charles fut depuis Roy de Sicille, & Comte de Prouence, & decedant sans enfans institua le Roy Loys XI. son heritier, & legua le Vicomté de Martigues, appartenances & dependances d'iceluy, à François de Luxembourg son cousin, bisayeul de Madame de Mercœur.

Loyse d'Anjou, mariée auec Iacques d'Armagnac, Duc de Nemours & Comte de la Marche, qui fut decapité à cause de la guerre du bien public, dont sont yssus

Iean d'Armagnac, qui fut tué en l'an 503. aux guerres de Naples, decedé sans enfans.

Louys d'Armagnac, Comte de Nemours, aussi decedé sans enfans.

Marguerite.

& Charlotte.

Lesdits d'Armagnac obtindrent Arrest en l'an 493. contre Messire François de Luxembourg, par lequel ledit de Luxembourg fut euincé du Vicomté de Martigues, sauf à luy à se pouruoir alencontre du Roy pour la deliurance de son legs: Mais depuis lesdits d'Armagnac estãs decedez sans enfans, & le Roy Louys XII. ayant remis en sa main le Vicomté de Martigues, & iceluy reüny au Comté de Prouence, François de Luxembourg poursuiuit contre Monsieur le Procureur General la deliurance dudit legs, laquelle luy fut ordonnée par Arrest de l'an 568. en consequence duquel il s'est fait subroger aux droicts de Monsieur le Procureur General, pour la reünion des terres d'Istre & d'Entressens au domaine du Vicomté de Martigues.

127

Factum du Procez,

D'entre Madame de Mercœur, defenderesse en Requeste ciuile, & ampliation.

Contre Leonard Foissard demandeur.

LA Requeste ciuile qui se presente à iuger est obtenuë cõtre vn Arrest du quatriesme Auril 1609. contradictoirement donné entre Madame de Mercœur, & Georges & Leonard Foissard, pere & oncle du demandeur; par lequel Arrest la Cour a subrogé Madame de Mercœur au droict de Monsieur le Procureur General, en la faculté de rachapt & reünion des terres d'Istre & Tour d'Entressens, au domaine du Vicomté de Martigues, aux charges & conditions portées par autres Arrests precedẽts des 25. Septembre 1568. & 14. Ianuier 1570. & lesdits Foissards condamnez suiuant la faculté de rachapt perpetuel contenuë au contract du huictiéme May 1476. eux departir & desister de la detention & occupation de la moitié des terres d'Istre & Tour d'Entressens, leur payant par Madame de Mercœur quatre mil six cents septante quatre liures, faisant moitié du prix de l'engagement desdites terres, fraiz & loyaux cousts, iceux prealablement taxez : & a compensé les fruicts de la moitié desdites terres, auec les interests de ladite somme de quatre mil six cents septante quatre liures, & lesdits Foissards condamnez és despens des Instances depuis le 14. Ianuier 1570. Et porte le mesme Arrest condamnation contre les nommez Bompart, Dedons, & Paul Imperial, tiers detempteurs de quelques particuliers domaines d'Istre & Tour d'Entressens, eux desister & departir de la detention des heritages & droicts dependans desdites seigneuries par eux & leurs predecesseurs acquises des Foissards, sauf leur recours cõtre lesdits Foissards, pour leurs pretendus dommages & interests : defenses au contraire.

Contre cest Arrest conforme & entierement contexte à vn autre precedent Arrest du 26. May 1582. contradictoirement rendu entre defuncte Madame de Martigues, mere & tutrice de Madame de Mercœur, demanderesse d'vne part, & Michel Foissard pere desdits Georges & Leonard defendeur d'autre, interuenu sur mesmes contestations, & par lequel la Cour auoit iugé la mesme chose, & subrogé ladite Dame de Martigues aux mesmes droicts de rachapt & reünion, est la Requeste ciuile qui se presente à iuger. Et parce que l'vn des principaux moyens est vne pretenduë cõtrarieté d'Arrests, laquelle ne se peut recognoistre qu'en examinant le fonds, & d'ailleurs que du merite du fonds resulte des fins de non receuoir contre le demandeur, il est besoin de faire voir sommairement quelle a esté l'origine, la suitte & les contestations du procés.

Les terres d'Istre & Tour d'Entressens, lesquelles de tout temps ont fait partie de l'ancien domaine du Comté de Prouence, furent données par Yoland d'Arragon, Royne de Sicille & Comtesse de Prouence, à Charles Comte du Mayne, son second fils, auec les terres & Baronnies de Berré & Isles de Martigues : Et ceste donnation portant substitution, fut confirmée par René Roy de Sicille, Duc d'Anjou & Comte de Prouence, lequel receut en foy & hommage ledit Charles Comte du Mayne son frere, en l'an 1442.

A ce Charles Comte du Mayne, succeda Charles son fils, Duc de Calabre & Comte du Mayne, & qui depuis a esté Roy de Sicille & Comte de Prouence, dernier de la maison d'Anjou, en faueur duquel René Roy de Sicille son oncle, erigea la Baronnie de Berré & Isles de Martigues en Vicomté, auquel il vnit & incorpora les terres d'Istre & Tour d'Entressens en vn corps indiuisible, indissoluble & inseparable, auec prohibition de les desvnir ny desmembrer en tout ou en partie, ny quant à la proprieté, ny quant à la possession: & s'il en estoit faict aucunes alienations, les declare nulles.

En l'an 1476. Charles Comte du Mayne vendit à Bertrand Foissard les terres d'Istre & Tour d'Entressens, moyénant la somme de neuf mil trois cents tant de florins.

Et le mesme iour y eut contrelettre passée pardeuant les mesmes Notaires, portant faculté de rachapt, *toties quoties*, accordée par Bertrand Foissard audit Charles d'Anjou & aux siens, en rendant par luy le prix de la vente.

En l'an 1481. deceda Charles d'Anjou dernier du nom, Comte de Prouence, lequel par son testament institua le Roy Loys XI. son heritier vniuersel: Et par le mesme testament legua à François de Luxembourg son cousin, ayeul de Madame de Mercœur, le Vicomté de Martigues, auec tous droicts, noms, raisons & actions reelles & personnelles, tous domaines, hommages, & autres droicts en dependants: & chargea expressément le Roy Louys XI. son heritier, de laisser iouyr ledit François de Luxembourg dudit Vicomté, pour les bons & agreables seruices qu'il auoit receuz de luy.

En l'an 1481. auparauant la deliurance faicte du Vicomté de Martigues au profit de François de Luxembourg, le Roy Louys XI. auoit fait don (à Palamedes Forbin, Lieutenant general pour sa Majesté en Prouence, & qui auoit espousé vne bastarde de la maison d'Anjou) de la faculté de rachapt des terres d'Istre & Tour d'Entressens, en vertu de laquelle Forbin intenta action au Parlement de Prouence contre Marc Foissard, fils de Bertrand & Leonard, tuteur dudit Marc.

Et d'autant que ledit Forbin en vertu de ses Lettres patentes & Cōmission generale à luy baillée par le Roy Louis XI. portant pouuoir de prendre possession des Comtez de Prouence & de Forqualquier, & terres en dependantes, auoit vsurpé & s'estoit emparé du Vicomté de Martigues, duquel il s'estoit mesmes fait faire donation: Messire François de Luxembourg poursuiuit & obtint Arrest allencontre de luy le 24. Septembre 483. portant que ledit de Luxembourg auroit la iouïssance du Vicomté de Martigues en baillant caution.

Et par transaction du 12. Octobre 484. ledit Forbin se desista au profit de François de Luxembourg de la faculté de rachat dont il auoit eu don du Roy, & le subrogea en icelle.

De maniere que deslors la faculté de rachapt fut plainement acquise audit François de Luxembourg, soit comme comprise en l'vniuersalité du legs à luy fait du Vicõté de Martigues, droicts, noms, raisons, & actions reelles & personnelles, & autres droicts generalemẽt quelsconques: soit cõme subrogé aux droicts de Forbin, auquel le Roy Loüis XI. heritier de Charles d'Anjou, auoit fait don de ladite faculté de rachapt.

Mais d'autãt que ledit François de Luxembourg ne demeura pas paisible en la iouïssance dudit Vicomté de Martigues, & qu'il y fut troublé par Iean, Loüis & Marguerite les d'Armagnac, enfans de Iacques d'Armagnac Duc de Nemours, & Comte de la Marche, & de Loüise d'Anjou fille de Charles d'Anjou premier Duc de Calabre, & Comte du Mayne, qui pretendoient le Vicomté de Martigues leur appartenir en consequence de la substitution portée par la donation de Yoland au profit dudit Charles Comte du Maine son fils, au preiudice de laquelle substitution ils soustenoient que Charles dernier du nom Comte de Prouence n'auoit pas peu disposer & aliener le Vicõté de Martigues: & de faict lesdits d'Armagnac obtindrent Arrest en l'an 493. par lequel ledit de Luxembourg fut condamné soy desister & departir dudit Vicomté de Martigues, circonstances & dependances d'iceluy; sauf audit de Luxembourg à se pouruoir pardeuers le Roy, heritier de Charles d'Anjou, pour la deliurance du legs à luy faict par le testament dudit Charles d'Anjou.

Ce fut pourquoy ledit de Luxembourg, euincé du Vicomté de Martigues, par le moyen dudit Arrest, cessa la poursuitte qui auoit esté commencée par Forbin, pour le rachapt des terres d'Istre & Tour d'Entressens, & reünion d'icelles au Vicomté de Martigues.

Mais pourtant ceste action de rachapt ne demeura pas sans poursuite contre les Foissards: car les Darmagnac obtindrent lettres le 22. Auril 1522. En vertu d'icelles firent assigner

signer les Foissards au grand Conseil de Prouence, aux fins de se desister & departir desdites terres, & receuoir leur remboursement.

Et ceste poursuite demeura discontinuee, à cause du deceds de Iean d'Armagnac Duc de Nemours dernier de la maison, qui fut tué aux guerres de Naples, en l'an 1503. auquel le Roy Louys douziesme succeda, & remit en sa main le Vicomté de Martigues, lequel il reünit au domaine du Comté de Prouence, & le Comté de Prouence au domaine de la Couronne.

En l'an 1506. sa Majesté fit don à Barthelemy Cappel de la faculté de rachapt des terres d'Istre & Tour d'Entressens, engagee à Bertrand Foissard, lequel Cappel obtint lettres en ladite annee 1506. par lesquelles estoit mandé aux Foissards se desister de la detention desdites terres, & receuoir leur remboursement: Laquelle instance a duré iusques en l'an 1563. qu'elle fut euoquee en ceste Cour: & par Arrest de l'an 1564. fut ordonné que les euoquans feroient apporter le procez en icelle.

Interea, Messire François de Luxembourg poursuiuoit le Roy pour luy faire deliurance du Vicomté de Martigues, ou luy bailler terres de semblable valeur, suiuant le testament de Charles dernier Roy de Sicille. Et sur ceste poursuitte estant interuenu sentẽce du Tresor du 30. Aoust 1503. par laquelle le Substitud de Monsieur le Procureur general auroit esté absoubs des fins & conclusions prinses par ledict de Luxembourg, il y en eust appel interietté & releué en cette Cour: sur lequel interuint Arrest en l'an 1568. entre Messire Sebastien de Luxembourg, ayant repris le procez au lieu dudit François son pere, d'vne part, & Monsieur le Procureur general, prenant la cause pour son Substitud au Tresor, d'autre. Par lequel Arrest, la Cour en emendant la sentence du Tresor, condamna ledit sieur Procureur general faire deliurãce reelle audit de Luxembourg du Vicomté de Martigues, appartenances & dependances d'iceluy, aux charges neantmoins de reünion au domaine, toutesfois & quantes qu'il plairoit au Roy. Et ainsi par le moyen de cest Arrest Madame de Mercœur demeure subrogee aux droits de Charles d'Anjou, en cõsequence du legs fait à François de Luxembourg du Vicomté de Martigues, en la generan... duquel legs estoit comprise la faculté de rachapt, subrogation neantmoins qu'il estoit besoin faire iuger, & laquelle a depuis esté iugee par Arrest du quatorziesme Ianuier 1570.

Et parce que cét Arrest de 70. porte aussi subrogation aux instances commencées par Barthelemy Cappel, & par les habitans d'Istre contre les Foissards, il est besoin d'expliquer & faire voir quelles estoient ces instances en nombre de trois.

La premiere est celle commencée en Prouence en l'an 1507. à la requeste de Cappel demandeur aux fins d'estre receu au rachapt, continuée iusques en l'an 1543. en laquelle les parties ayans compromis, elle demeura indecise iusques en l'an 564. qu'elle fut euocquée & retenuë en ceste Cour par Arrest.

L'autre instance estoit pendante au Parlement de Prouence entre le Procureur General, demandeur en saisie des terres d'Istre & Tour d'Entressens d'vne part, & les Foissards opposans à la saisie faite à la requeste dudit sieur Procureur General en vertu des lettres Patentes du Roy François premier de l'an 1536. Par lesquelles sa Maiesté auoit cassé & reuoqué toutes alienations du domaine, du Conté de Prouence faites tant auparauant la reünion du Conté de Prouence au domaine de la Couronne, que depuis icelle, auec reuocation de toutes lettres contraires : sur laquelle opposition interuint Arrest de l'an 1539. par lequel il fut ordonné que sur l'opposition les parties seroyēt ouyes, & cependant que les Foissards iouyroient de la terre comme sequestres, & à la charge de rendre compte des fruits, s'il estoit dit en fin de cause, instance laquelle a depuis esté euoquée en ceste Cour par lettres Patentes du 2. Septembre 1539. contestée & reglée, & est vne de celles ausquelles Madame de Mercœur a esté subrogée.

La troisiesme instance auoit esté commencée à la requeste des habitans d'Istre, qui faschez de la domination des Foissards ne pouuans pas supporter d'estre à vn autre maistre qu'au Roy, ou au Vicomte de Martigues, auoient en l'an 1539. poursuiuy au Parlement de Prouence la reünion des terres d'Istre au Domaine du Roy, dont ils auoient offert faire le remboursement, & mesmes consigné le prix de l'alienation; en laquelle instance les Cappels furent receus parties interuenantes par Arrest du 12. Septembre 1541.

Et est à remarquer que ceste instance de reünion commencée à la requeste des habitans d'Istre en l'an 1539. fut renouuellée par vne Requeste qu'ils presenterent au Roy estant en Prouence en l'an 1564. Sur laquelle Monsieur le President de Morsan ayant esté commis, elle fut depuis renuoyée en ceste Cour, où le premier procés estoit pendant.

Il estoit donc besoin à Madame de Mercœur d'estre non seulement subrogée aux droits du Roy, mais encores d'estre subrogée aux droits, & de Barthelemy Cappel donataire de la faculté de rachapt, & des habitans d'Istre poursuiuans la reünion. C'est ce qui fut fait par vn appointement de l'an 1570. par lequel les habitans d'Istre firent declarations au greffe de la Cour, qu'ils persistoient en l'offre par eux faicts de rembourser les Froissards en reünissant les terres au domaine du Vicomté de Martigues, & au surplus n'empeschoient les conclusions de Madame de Martigues.

Et par vne transaction du 21. Apuril 1571. les Cappels donataires du Roy consentirent vne subrogation au profit de ladicte Dame de Martigues en leurs droits, pour raison de la faculté de rachapt & don d'icelle fait à leur pere pour en faire poursuitte par ladite Dame, en faueur de laquelle ils renoncerent à leurs droits & actions. Et ainsi voilà tous les droits concernans la faculté de rachapt & la reünion de la terre au domaine, entierement confus en la personne de Madame de Mercœur, laquelle ayant en ceste qualité repris tous les procés commēcez, & par Forbin, & par les Cappels, & par les habitans d'Istre, & par Monsieur le Procureur General, aux droits duquel dés l'an 70. elle auoit esté subrogée.

Sur toutes ces instances interuint Arrest du 26. May 82. donné auec grande cognoissance de cause, & le procés veu par Commissaires à iours tant ordinaires que extraordinaires, entre ladite Dame de Martigues d'vne part & les heritiers mediats, tant de Bertrand Foissard que de Leonard Foissard d'autre, par lequel la Cour declara Madame de Martigues subrogée au lieu & droits de Monsieur le Proreur General en la faculté de rachapt & reunion desdits terres d'Istre & Tour d'Entressens, aux charges & conditions portées par l'Arrest du 25. Septembre 68. & appoinctement du 14. Ianuier 70. Et en consequence condamna Georges & Leonard les Foissards, Catherine de Castelane & Françoise de Sadde heritieres d'Anthoine Foissard, soy desister & departir au profit de ladite Dame, desdites terres d'Istre & Tour d'Entressens, appartenances & dependances suiuant la faculté de rachapt perpetuel, en baillant & remboursant par ladite Dame le sort principal, fraiz & loyaux cousts de l'engaigement les interests compensez auec les fruicts. Arrest qui se trouue entierement conforme à l'Arrest de l'an 609. si qu'il est vray de dire, que par deux Arrests contradictoires solemnellement donnez, la Cour a iugé la mesme chose: sçauoir, & que la faculté de rachapt estoit veritable & generale: *Secundò*, qu'elle n'estoit point prescrite: *Tertiò*, que Madame de Mercœur estoit seule partie capable pour en faire la poursuite.

Et neantmoins, d'autant qu'en cét Arrest de l'an 1582. il y auoit quelque chose à desirer quant à la forme, ce fut pourquoy sur vne requeste ciuile obtenuë par les Foissards il fut cassé. Et par Arrest de l'an 85. les parties remises en tel estat qu'elles estoient auparauant icelles.

Contre lequel Arrest de l'an 585. feu Monsieur de Mercœur ayant obtenu requeste ciuile il en fut debouté par l'Arrest de 601. Et d'autant que Monsieur de Mercœur par ses lettres en forme de requeste ciuile auoit fait inserer vne clause, par laquelle estoit mandé à la Cour faire droit sur le rescindant & le rescisoire; ce fut pourquoy par ledit Arrest de 601. la Cour pour tesmoigner qu'elle n'entendoit point toucher au fonds, ains seulement iuger la requeste ciuile, elle desioignit les autres instances concernans la faculté de rachapt, pour se pouruoir par les parties sur icelles ainsi que de raison.

En execution de laquelle clause, Madame de Mercœur ayãt fait assigner toutes les parties, pour voir dire que toutes les instances concernans ladite faculté de rachapt seroient & demeureroient ioinctes, pour estre procedé au iugement d'icelles, elles ont esté iointes par deux diuers Arrests: le premier

mier du 9. Aoust 607. par lequel les heritiers d'Antoine Foissard ont consenty ladite ionction à leur égard. L'autre du 6. Octobre 1607. contradictoirement donné contre Leonard & Georges Foissard pere & oncle du demandeur, par lequel toutes lesdites instances concernant la faculté de rachapt & reunion d'Istre & Tour d'Entressens qui estoient restees à iuger, & estoiēt disiointes par l'Arrest du 14. Aoust 601. ont esté iointes, & ordonné que d'icelles les Foissards pourroient prendre communication, y escrire & produire tout ce que bon leur sembleroit.

Or en ces instances Madame de Mercœur par sa requeste & acte du 12. Octobre 1607. declara qu'elle n'auoit autre chose à escrire & produire, & fit faire commandement aux Foissards defendeurs de satisfaire de leur part, si bon leur sembloit: ladite requeste & commandement signifiez à Boart l'aisné Procureur des Foissards, & la seconde forclusion contre Maistre Michel Boart Procureur des Foissards au lieu dudit Board l'aisné son oncle.

Et sur ce est interuenu l'Arrest du 4. Auril 1609. tel qu'il est cy-dessus representé, contre lequel est la requeste ciuile qui se presente à iuger; auec clause par laquelle est mandé receuoir ledit demandeur à deduire & proposer, produire & contredire tout ce qui auoit esté obmis par ses pere & oncle.

Et fait à remarquer que ceste requeste ciuile obtenuë le 23. Septembre 1609 est seulement ouuerte en l'an 1619. d'où resulte vne premiere fin de non receuoir contre le demandeur, fondee sur la prescription du temps.

Pour pretendus moyens de requeste ciuile, le demandeur dit: *Primò*, que l'on a iugé vn procez contre des personnes mortes, & qui n'estoient point en estat.

Secundò, que Georges & Leonard les Foissards estoient decedez dés le mois d'Aoust & de Septembre 1608. & le procez a seulement esté iugé au mois d'Auril 1609.

Tertiò, qu'il y a eu precipitation & surprise, en ce que depuis l'acte d'employ faict par Madame de Mercœur le 12. Octobre 1607. l'on auroit produit deux Arrests non communiquez ny contredits; l'vn d'iceux du mois de Mars 608. passé par appointé entre Madame de Mercœur & les heritiers d'Antoine Foiſſard ; portãt deſiſtement fait par leſdits heritiers de moytié deſdites terres au profit de ladite Dame. L'autre du 28. Nouembre 1608. contenant vne declaration faite par les habitans d'Iſtre au profit de ladite Dame de Mercœur, qu'ils ne pretendoient aucune choſe de la faculté de rachapt, laquelle dés l'Arreſt du 26. May 82. auoit eſté adiugée à Monſieur de Mercœur, qui en execution d'iceluy auoit meſmes conſigné le prix de l'engagement.

Et dit le demandeur, que ces Arreſts par appointé faiſoient preiudice à ſa cauſe.

Quartò, dit le demandeur, que la Cour a iugé ſur pieces fauſſes : ſçauoir, ſur le contract, portant faculté de rachapt, qu'il a voulu inſimuler de faux, ſans auoir neantmoins oſé entrer en l'inſcription.

Tandem, dit le demandeur pour dernier moyen de ſa pretenduë requeſte ciuile, que l'Arreſt de 609. eſt contraire à huict autres Arreſts par luy produits en ſa production, ſous la cotte H.

Et au fonds ſouſtiẽt le demãdeur que les terres d'Iſtre & Tour d'Entreſſens luy appartiennẽt pour moitié, en conſequence d'vn pretendu teſtament de Bertrand Foiſſard, du 14. Iuin 1477. & l'autre moytié en vertu des collocations & hypotheques priſes par ſes defuncts pere & oncle ſur les heritiers de defunct Antoine Foiſſard.

Secundò, que la contrelettre portant faculté de rachapt n'eſt point, ou que s'il s'en trouue aucune elle eſt fauſſe.

Tertiò, qu'elle a eſté preſcripte de droict & de faict par vne poſſeſſion plus que centenaire.

Or pour reſpondre à ſes pretendus moyens, & par ordre, il eſt beſoin de commencer par ceux de la pretenduë Requeſte ciuile, puis examiner les moyens du fonds, & faire voir que le demandeur eſt non receuable, & ſans intereſt.

Contre le premier moyen par lequel on dit que le procés a eſté iugé contre perſonnes mortes, & n'eſtãs pas en eſtat, reſpond Madame de Mercœur:

Que le procés eſtoit en eſtat de ſa part, par le moyen de l'acte d'employ du 12. Octobre 1607. & contre le demandeur il eſtoit pareillement en eſtat : car ledit acte d'employ du 12. Octobre 1607. porte vn premier commandement de produire, signifié au domicile de Maistre François Boart, & d'vne autre forclusion acquise le 26. Iuin 1608. contre Michel Boart nepueu dudit François, & qui auoit succedé à sa pratique: & auquel Michel Boart l'on signifia & la redistribution du procés, & la derniere forclusiõ, laquelle est du 26. Iuin 1608. acceptée par luy purement & simplement, & ce pour empescher par ledit Boart que sur le readiournemẽt donné à la requeste de Madame de Mercœur aux Foissards, sur vn defaut premier par elle obtenu aux presentations, en consequence d'vne assignation à eux baillée dés le mois de Ianuier 608. pour constituer nouueau Procureur, il ne fust leué vn second defaut, emportant profit à faute de constituer Procureur.

Et n'est pas considerable le pretendu desadueu formé par le demandeur contre ledit Michel Boart: d'autant en premier lieu,

Que ledit Michel Boart, nepueu & heritier de François, auoit succedé à sa pratique & à son estude.

Item, il auoit retiré dés l'an 1607. des mains de feu Mõsieur de Montelon le procés, ce qu'il n'auroit pas fait sans charge. Ce qui sert pour monstrer comme dés le viuant de François Boart, ledit Michel Boart son nepueu estoit employé aux affaires des Foissards.

Tertio, le demandeur en Requeste ciuile s'est perpetuellement seruy dudit defunct Michel Boart, lequel a esté son Procureur en toutes les instances d'execution de l'Arrest de 1609. Cela iustifié par toutes lesdites procedures, mesmes par le procés verbal de feu Monsieur de Here, & par les requestes tendantes afin d'auoir delay, esquelles procedures ledit demandeur a luy mesme signé auec ledit Michel Boart: & en sa presence a ledit Boart plaidé sur les Requestes presentées pour faire surseoir l'execution dudit Arrest de 609.

Item, l'on n'est pas receuable à former vn desadueu dix ans apres la mort d'vn Procureur, apres lesquels dix ans toutes choses sont presumées auoir esté solemnellement faictes, & les Procureurs ne sont pas tenus de rapporter aucune charge ou pouuoir.

Tandem, si Foissard eust voulu desaduoüer Maistre Michel Boart, il ne se seroit pas seruy de luy en l'instance de l'execution de l'Arrest comme il a faict.

Contre le second pretendu moyen, fondé sur la reprise & precipitation que l'on allegue, en ce que depuis l'acte d'employ du 12. Octobre 1607. l'on a produict deux Arrests non communiquez : Le premier, l'Arrest du mois de Mars 608. par appoinćté rendu contre les heritiers d'Anthoine Foissard : Le second, du mois de Nouembre de la mesme année 608. portant declaration des habitans d'Istre, qu'ils ne pretendoient aucune chose en la faculté de rachapt adiugée par l'Arrest de l'an 1582. à feu Monsieur de Mercœur, qui en execution d'iceluy auoit consigné le prix.

Tertiò, que l'on a produit vn appointement passé entre feuë Madame de Martigues & les Cappels, de l'an 1571. portant subrogation au profit de Madame de Martigues en leurs droits de la faculté de rachapt pour en faire poursuite, auec renonciation à leurs droits & actions en faueur de ladicte Dame : pieces dit-on qui ont frappé coup à l'Arrest.

A ce moyen respõd Madame de Mercœur : *Primò*, qu'encores que lesdites pieces soiẽt enoncees au veu de l'Arrest, neantmoins il ne se trouuera point qu'elles ayent iamais esté ny produites ny induites par elle : mais voicy la raison pour laquelle Monsieur le Rapporteur en a faict mention dans l'Arrest.

Les habitans d'Istre auoient esté parties au procez, sur lequel estoit interuenu l'Arrest de 82. les Cappels y estoient aussi parties pareillement, les heritiers d'Antoine Foissard, comme Coseigneurs d'Istre y estoient aussi parties : & encores estoient lesdits heritiers d'Antoine Foissard parties aux requestes ciuiles obtenuës, tant contre l'Arrest de 82. & sur lesquelles estoit interuenu l'Arrest de 85. que contre ledit Arrest de 85. & surquoy interuint l'Arrest de 1601.

Or afin de regler les qualitez de l'Arrest de l'an 1609. & pour faire voir par Madame de Mercœur qu'il n'estoit plus besoin de prononcer ny à l'égard des Cappels, ny à l'esgard des habitans d'Istre, ny à l'esgard des heritiers d'Antoine Foissard proprietaires de la moitié des terres d'Istre & Tour d'Entressens, d'Entreſſens, & tels recogneus par Georges & Leonard les Foiſſards, tels recogneus par l'Arreſt de 85. auquel ils ſont en qualité de demandeurs en requeſte ciuile cõtre l'Arreſt de 82. & encores tels recogneus par l'Arreſt de 601. où ils eſtoient defendeurs conioinctement, & cõme Coſeigneurs d'Iſtre auec Georges & Leonard Foiſſard, ſur la requeſte ciuile obtenuë par Monſieur de Mercœur contre l'Arreſt de 85. Ce fut pourquoy Madame de Mercœur mit entre les mains de feu Monſieur Ruelé Rapporteur leſdits appointemens des mois de Mars & de Nouembre 1608. pour regler ſeulement les qualitez de l'Arreſt.

Mais que ces pieces ayent eſté induites ny produites contre Georges & Leonard les Foiſſards, c'eſt choſe qui ne ſe trouuera point, & n'eſt pas le demandeur receuable à alleguer pour ſa defenſe particuliere, ny l'intereſt des Cappels qui dés l'an 71. auoient paſſé appointement au profit de Madame de Martigues, ny celuy des habitans d'Iſtre qui dés l'an 1570. auoient conſenty pareille ſubrogation au profit de ladite Dame: Et qui depuis l'Arreſt de 82. n'ont plus eſté parties au procez, ny celuy des heritiers d'Anthoine Foiſſard qui depuis ledit Arreſt de l'an 582. ont recogneu & receu volõtairement Madame de Mercœur au retraict & rachapt de la terre d'Iſtre, puis que toutes leſdites parties ne ſe plaignent point.

Et n'eſt pas à preſumer, que la Cour ſe ſoit fondée ſur des Arreſts par appoincté, portant des conſentemens de tierces perſonnes, pour prononcer contre d'autres perſonnes qui conteſtoient & ſe defendoient.

Item, les habitans d'Iſtre, les Cappels & Madame de Mercœur tendoient tous à vne meſme fin, qui eſtoit la reünion de la terre au domaine de Martigues, ſi qu'il n'importe pas au demandeur auquel des trois elle ayt eſté adiugée.

Et quãt à l'appoincté entre les heritiers d'Anthoine Foiſſard, pour lequel le demandeur dit que Madame de Mercœur a payé 18000. liures, ſouſtient Madame de Mercœur,

Primò, Que cela n'eſt point iuſtifié au procés.

Secundò, Quand il ſeroit veritable, le demandeur n'y a aucun intereſt: car quand bien ceſte ſomme auroit eſté payee auſdits heritiers d'Anthoine Foiſſard, ce ſeroit pour leur part & moitié afferente tant au principal qu'aux fraiz, loyaux coufts, impenfes & ameliorations qui leur auoient efté adiugees par l'Arreft de 82. Et cefte fomme ne doit point eftre trouuee exceffiue, puis que le demandeur par fa demande & declaration de pretendus fraiz & loyaux coufts qu'il a fournis pardeuant Monfieur de Fortia, en execution de l'Arreft de 609. fans aucune proteftation de fa Requefte ciuile, pretend plus de quatre cents mil liures pour lefdits fraiz & loyaux coufts. De maniere que l'on ne doit pas trouuer eftrãge fi Madame de Mercœur pour fe redimer de vexation a donné 18000. liures pour les fraiz & loyaux coufts de ceux qui ont toufiours efté recogneus auoir pareille part & pareil droit en la terre que le demãdeur.

Le troifiéme pretendu moyen de Requefte ciuile, eft que l'on dit que l'on a iugé *fuper falfis*, & que la contrelettre portant la faculté de rachapt eft fauffe.

A ce moyen fera pertinemment refpondu cy apres, en examinant le merite du fonds.

Le dernier moyen, eft la pretēduë contrarieté d'Arrefts, & dit le demandeur que l'Arreft de 609. contre lequel il fe pouruoit, eft contraire à huiꝙ autres Arrefts obtenus par fes predeceffeurs, tant contre les habitans d'Iftre, que les heritiers de la maifon d'Armagnac, cōtre Monfieur le Procureur General, contre les Cappels, & contre feu Monfieur de Mercœur: par tous lefquels le demandeur dit & fouftient fes predeceffeurs auoir efté maintenus & gardez en la poffeffion & iouyffance de la terre d'Iftre & Tour d'Entreffens contre tous ceux qui les y ont voulu troubler: & font lefdits Arrefts par luy produits fous la cotte H.

Or pour refpōfe à ce pretendu moyen, Madame de Mercœur a fait voir par fes contredits (aufquels elle fupplie treshumblement la Cour d'auoir recours) que de tous fes 8. Arrefts il n'y en a vn feul qui ait iugé ny le petitoire ny la faculté de rachapt, ny le refcifoire: & que tous icy font contre ledit demandeur.

De ces 8. Arrefts il y en a quatre donnez auparauãt l'Arreft obtenu par feu Monfieur de Mercœur le 6. May 82. Le premier de ces Arrefts pretendus contraires, eft vne fentence du fouuerain Confeil de Prouence, du 2. Iuillet 1482.

car lors il n'y auoit point encores de Parlement en Prouence, le Parlement de Prouence n'ayant esté erigé qu'au mois de Iuillet 1501. par les Lettres patentes du Roy Louys douziesme.

Or par ceste sentence se voit que sur vne Requeste presentée par Leonard & Marc Foissard contenant qu'ils estoient troublez à main armée, & par violence en la terre d'Istre, par les habitans dudit Istre, lesdits Foissards furent reintegrez en la possession dudit Istre. C'estoit vne reuolte faite par des subiets contre des Seigneurs de basse qualité, desquels ils souffroient impatiemment la domination, neantmoins parce que veritablement l'engagement auoit esté fait par Charles d'Anjou à Bertrand Foissard, & que les voyes de fait ne sont pas permises, ce fut pourquoy l'on ordonna que les Foissards seroient reintegrez. Mais que lors l'on ayt contesté sur la faculté de rachapt, ou qu'il fust question du remboursement, ny de la reunion, c'est chose qui ne se voit point, & consequemment point d'apparence de fonder vne contrarieté d'Arrest sur ce iugement.

Le second desdits Arrests en datte de l'an 1502. rendu au profit des Foissards, contre les enfans de feu Iaques d'Armagnac & Louyse d'Anjou, a esté donné sur l'opposition formée par les Foissards à l'execution d'vn autre rendu en l'an 1493. au profit desdits d'Armagnac conrre Messire François de Luxembourg, par lequel ledit de Luxembourg auoit esté condamné soy desister & departir du Vicomté de Martigues, circonstances & dependances d'iceluy. Or lesdits d'Armagnac pretendoient en consequence de cét Arrest comprendre les terres d'Istre & Tour d'Entressens sous le nom de circonstances & dependances du Vicomté de Martigues, & sous ce pretexte se vouloient emparer & saisir des terres d'Istre & Tour d'Entressens, sans toutesfois rembourser les Foissards du prix de leur acquisition. Ce fut pourquoy sur l'oppositiõ formée par les Foissards à l'execution de cét Arrest de 493. les Foissards furent maintenus en leur possession par ledit Arrest de l'an 1502. Mais que lors dudit Arrest l'on ayt contesté sur la verité ou validité de ladite faculté de rachapt, cela ne se trouuera point, & l'Arrest qui contient au long les contestations, n'en fait aucune mention.

Cela si veritable que tout incontinent apres ledit Arrest les d'Armagnacs obtindrent lettres Patentes du Roy Louys XII. portant attribution audit souuerain Conseil de Prouence, pource que lors le Parlement de Prouence quoy qu'erigé par lettres du mois de Iuillet 1501. n'estoit pas encores assemblé, & par ses lettres patentes estoit mandé faire droit sur l'action petitoire que les d'Armagnacs entēdoient former contre les Foissards, pour le rachapt de la terre d'Istre, & reünion d'icelle au domaine du Vicomté de Martigues.

En vertu desquelles lettres les Foissards furent assignez, mais ceste poursuitte demeura discontinuee au moyen du deceds arriué à ceux de la maison d'Armagnac en l'an 1503. Iean d'Armagnac Comte de Nemours dernier du nom ayant esté tué aux guerres de Naples, apres lequel deceds le Roy Louys XII. remit entre ses mains le Vicomté de Martigues, & le reünist au domaine du Comté de Prouence, & fist don de la faculté de rachapt d'Istre à Barthelemy Cappel, lequel & ses heritiers ont continuellement poursuiuy ladite faculté de rachapt iusques en l'an 1570. qu'ils consentirent au profit de Madame de Martigues vne subrogation en leurs droits concernans ladite faculté de rachapt, qui est vne des instances sur laquelle est interuenu l'Arrest du 26. May 1582. auquel celuy du 4. Apuril 609. est conforme, & ausquels Arrests de 1582. & 609. l'Arrest ou Sentence du souuerain Conseil de Prouence de 502. obtenu contre les d'Armagnacs n'est point contraire.

Le 3. Arrest pretendu contraire est vn Arrest du Parlement de Prouence de l'an 1539. entre les Foissards opposans d'vne part, & le Procureur General du Roy en Prouence demandeur en saisie, d'autre. Or ledit Arrest interuint, sur ce que le Roy François premier ayant decerné ses Lettres patentes pour la reünion de ce qui auoit esté alienė du domaine de Prouence, & cassé & reuoqué toutes les alienations dudit domaine, faites tant auparauant la reunion que depuis : cela donna sujet au Substitud de Monsieur le Procureur general de faire saisir les terres d'Istre & Tour d'Entressens, lesquelles

ils

il soustenoit estre de l'ancien domaine de Prouence. De laquelle saisie il y eut appel par les Foissards, & lettres pour conuertir ledit appel en opposition, pour moyens de laquelle ils soustenoient n'auoir pas peu estre depossedez par vne saisie, & que c'estoit commencer *ab executione*.

Et qu'il estoit prealable de les faire appeller, ioint que pour raison de la faculté & paction de rachapt, il y auoit procez pendant audit Parlement entre eux & lesdits Cappels donataires du Roy, pendant lequel ils ne pouuoiẽt pas estre depossedez, & sur ce interuint ledit Arrest du consentement dudit Procureur General, portant conuersion de l'appel en opposition, sur laquelle les parties sont reiglées, & cependant est ordonné que les appellans iouyront par maniere de prouision, & comme sequestres, à la charge de rendre compte des fruits. Et cette instance d'opposition est vne de celles ausquelles feu Monsieur de Mercœur fut subrogé par Arrest de l'an 1570. rendu auec Monsieur le Procureur General en ce Parlement, & sur lequel est depuis interuenu l'Arrest de 1582.

Et de ce que dessus resulte que ledit Arrest de l'an 1539. n'ayant iugé qu'vne simple prouisiõ au profit des Foissards, à la charge de iouyr comme sequestres, & de rendre compte des fruicts, n'est point contraire aux Arrests de 82. & 609. qui ont iugé le fonds sur la faculté de rachapt, & compensé les fruicts auec l'interest du prix de l'engagement.

Le quatriesme pretendu Arrest en datte du 17. Iuin 1564. entre les Cappels demandeurs en reprise de procés d'vne part, & Damoiselle Françoise de Sadde, veufue & heritiere par benefice d'inuentaire de feu Anthoine Foissard d'autre part: Par lequel ladite de Sadde est renuoyée absoute de la reprise contre elle poursuiuie par les heritiers dudit Cappel.

Or l'on ne peut pas fonder vne contrarieté d'Arrest sur ceste piece.

Primò, Pource que la piece produicte par le demandeur n'est qu'vne simple copie non signée ny collationnée.

Secundò, L'on ne voit point par icelle quelle a esté la cõtestation des parties, ny de quel procez l'on demandoit la reprise alencontre de ladite de Sadde : Et ne peut-on pas dire que ce fust du procez concernât la faculté de rachapt du domaine d'Istre : Parce qu'en l'an 1563. les Cappels auoient obtenu Lettres Patẽtes pour faire euoquer au Parlement de Paris ledit procez concernant ladite faculté de rachapt, qui estoit pendant au Parlement de Prouence, où il auoit esté commencé dés l'an 1506. Et par Arrest du 5. Decembre 1564. rendu entre lesdits Cappels d'vne part, Catherine de Castelane & ladite Françoise de Sadde d'autre, la Cour retint la cognoissance de la cause; & ordonna que les parties viendroient proceder en icelle, suiuant les derniers errements, & feroient les euoquans apporter le procez. De maniere que l'on ne peut pas dire que ledit pretendu Arrest du 17 Iuin 604. produict par ledit demãdeur soit interuenu contre ladite de Sadde, sur la demande en reprise du procez concernât la faculté de rachapt, puis que par vn Arrest subsequent du 5. Decembre de la mesme année 604. ce mesme procez concernât la faculté de rachapt, a esté retenu en ceste Cour auec ladite de Sadde : & consequemment nulle contrarieté.

Cet Arrest du 5. Decẽbre 564. est produict en la productiõ de feuë Madame de Martigues, demanderesse en Requeste & en Lettres du 23. May 570. soubs la cotte Q trãché, c'est au 5 sac du procés.

Les 5. 6. 7. & huictiesme Arrests pretendus contraires à l'Arrest du 4. Auril 1609. ne sont interuenus que sur le rescindant, & non sur le rescisoire; sur le possessoire, & non sur le petitoire : lequel petitoire n'a iamais esté iugé que par les Arrests de 82. & 609. interuenus au profit de Madame de Mercœur : car quant à l'Arrest de 85. il a seulemẽt remis les parties en pareil estat qu'elles estoient auparauant l'execution de l'Arrest de 82. à laquelle le demandeur s'estoit opposé: mais depuis la Cour ayant preiugé qu'il y auoit quelque chose à redire pour la forme audit Arrest 82. l'auroit cassé par celuy de l'an 85. interuenu sur la requeste ciuile obtenuë par les Foissards: duquel Arrest de 85. l'on ne peut point induire aucune autre consequence, sinon que les parties estoient remises en tel estat qu'elles estoient auparauant l'Arrest de 82. c'est à dire les Foissards en leur possession de la terre d'Istre, & Monsieur de Mercœur en son action petitoire pour le rachapt & reünion de ladicte terre au domaine de Martigues.

Cela si veritable, que Monsieur de Mercœur ayant par vn mauuais conseil obtenu Requeste ciuile contre ledit

Arrest de 85. auec clause, par laquelle estoit mãdé à la Cour de faire droict sur le rescindant & sur le rescisoire : Et pour cet effect ayant fait ioindre toutes les instances concernãt ladite faculté de rachapt & reünion, par l'Arrest de l'an 1601. interuenu sur ladite Requeste ciuile, la Cour n'ayant pas voulu toucher au fonds, ny annuller le rescindant auec le rescisoire, se contentant de iuger la Requeste ciuile, deboutte Monsieur de Mercœur de l'effect & entherinement d'icelle: & au surplus disioinct les autres instances pour se pouruoir par les parties pour raison d'icelle, ainsi qu'elles verroient estre à faire.

Et pour tesmoigner que ces instances disioinctes estoient les instances concernant la faculté de rachapt & reünion au domaine, intentee par les Cappels, par les habitans d'Istre, & par Monsieur le Procureur General, & aux droicts de tous lesquels Madame de Mercœur auoit esté subrogee par les Arrests de 1568. 70. & 71. & sur lesquelles estoit depuis interuenu l'Arrest de 82. Messieurs obserueront s'il leur plaist,

Que depuis l'Arrest de l'an 1601. qui disioinct lesdites instances, & reserue aux parties de se pouruoir sur icelles, Madame de Mercœur obtint commission le 14. Aoust de la mesme annee 601. en vertu de laquelle elle feit assigner les parties pour voir dire que toutes lesdites instances concernant la faculté de rachapt & reünion, seroient & demeureroient ioinctes pour estre procedé au iugement d'icelles, & par deux diuers Arrests, l'vn du 17. Aoust 607. donné par appoincté auec les heritiers d'Anthoine Foissard, l'autre du 6. Octobre de la mesme annee 607. contradictoirement rendu contre Georges & Leonard Foissard, pere & oncle du demandeur; toutes lesdites instances concernãt ladite faculté de raohapt & reünion, & qui estoient restees à iuger par l'Arrest du 14. Aoust 1601. ont esté ioinctes, & ordonné que d'icelles les Foissards prendroient communication pour y escrire & produire ce que bon leur sembleroit. Et contre cét Arrest du 6. Octobre 1607. le demandeur ne s'estoit point pourueu.

D'où resulte que de tous les Arrests pretendus contraires obiectez par le demandeur, il n'y en a vn seul qui ayt iugé la faculté de rachapt, & que partant ils ne portent aucune contrarieté à ceux donnez au profit de ladite Dame de Mercœur.

Resulte pareillement que toutes les instances concernãt la faculté de rachapt, disioinctes par l'Arrest de 601. & reioinctes par celuy du 6. Octobre 1607. n'auoient point esté iugees auparauant l'Arrest du 6. Octobre 1607. autrement l'Arrest seroit inutile.

Au fonds, si l'affaire estoit encore à iuger, elle ne se pourroit iuger autremẽt qu'en faueur de Madame de Mercœur, & est le demandeur notoirement non receuable.

Le demandeur dit que la terre d'Istre luy appartient pour le tout, sçauoir moitié en vertu d'vn pretendu testament de feu Bertrand Foissard, datté du 14. Iuin 477. l'autre moitié en vertu des collocations & pretendus decrets obtenus par ses defuncts pere & oncle, sur ladite moitié appartenante aux heritiers de feu Anthoine Foissard, pour des debtes & hypotheques qu'ils auoient droit de prendre sur les biens desdits heritiers d'Anthoine, & qu'en ceste qualité ses predecesseurs ont tousiours iouy, sçauoir de la moitié depuis ledit pretendu testament de l'an 1477. & de l'autre moitié depuis lesdites collocations.

Il dit en second lieu, que le contract portant faculté de rachapt n'est point, ou que s'il y en a aucun, il est faux.

Tertiò, que quand ceste pretenduë faculté de rachapt auroit esté, elle est prescripte par vne possession plus que centenaire.

Quartò, pour defenses à la demande de reünion des terres d'Istre & Tour d'Entressens au domaine du Vicomté de Martigues, vny au domaine du Comté de Prouence, ladite reünion poursuiuie par Monsieur le Procureur general, aux droicts duquel Madame de Mercœur a esté subrogee, le demandeur dit,

Primò, que le domaine de Prouence n'a point esté reputé domaine de la Couronne auparauant le testament de Charles d'Anjou, de l'an 1481. auparauant lequel les terres d'Istre & Tour d'Entressens auoient esté alienees, & consequemment qu'elles ne peuuent point auoir les priuileges du domaine de la Couronne, pour estre reputees subiectes à la à la faculté de rachapt perpetuel.

Secundò, que l'vnion & incorporation faicte par Yoland d'Arragon, des terres de Berré, Isles de Martigues & Tour d'Entressens au domaine du Comté de Prouence, a esté faicte caducque par la disposition de ladite Dame, au profit de Charles d'Anjou, & depuis par celle dudit Charles au profit de Bertrand Foissard.

Tertiò, que lesdites terres ainsi distraictes & alienees, ayans passé en main priuee, auoient esté faictes domaine particulier, & comme telles ont peu estre prescriptes par vne iouyssance plus que centenaire.

Tandem, dit le demandeur, que par le testamēt de Charles d'Anjou le Comté de Prouence ayant esté vny au domaine de la Couronne, cela ne comprend que ce qui estoit du corps & principal domaine dudit Comté, & non ce qui en auoit esté distraict: Que le Vicomté de Martigues en auoit esté distraict par le legs particulier fait à François de Luxembourg, & dudit Vicomté de Martigues les terres d'Istre & Tour d'Entressens, distraictes par le moyen de la vente faicte par Charles d'Anjou au profit de Bertrād Foissard. Et de là pretend le demandeur inferer que Monsieur le Procureur General & Madame de Mercœur subrogee en ses droicts, estoient mal fondez en la poursuitte de la reünion desdites terres d'Istre au domaine du Vicomté de Martigues.

Pour respondre à ces moyens Madame de Mercœur a fait voir,

Primò, Que le testament de Bertrand Foissard sur lequel le demandeur pretend fonder son droit, en vertu duquel ses predecesseurs s'estoient emparez de la moitié de la terre & Seigneurie d'Istre & Tour d'Entressens pendant les minoritez d'Anthoine & de Marc les Foissards filz & petit fils de Bertrand acquereur, est faux, parce que nonobstant iceluy, nonobstant vne quittance tutelaire, & vn pretendu partage & diuision desdites terres, faits en execution dudit testament, entre Leonard Foissard Bisayeul du demandeur, & Marc Foissard filz de Bertrand de l'an 1515. declarez faux par des Arrests des Parlemens de Dijon & de Grenoble, & du Conseil Priué, portans condamnation d'amendes honotables & pecuniaires allencontre des oncle & pere du demandeur. Lesdits pere oncle du demandeur ont esté condamnez reintegrer les heritiers d'Anthoine Foissard petit fils de Bertrand en la possession des terres, dont ils s'estoient emparez en vertu desdits actes, declarez faux auec restitution de fruits, qui estoient en effet la moitié des terres d'Istre & Tour d'Entressens : de maniere qu'au moyen desdits Arrests desdits Parlemens de Dijon, de Grenoble, & du Conseil Priué des annees 1582. 1585. & Sentence du Seneschal d'Aix de l'an 1586. interuenuë en consequence d'iceux, il est vray de dire que ledit demandeur n'a plus aucun droit de proprieté en la terre, sinon en vertu de ses pretenduës collocations, lesquelles ne peuuent pas empescher l'exercice & l'execution de la faculté de rachapt & reünion des terres d'Istre & d'Entressens au domaine de Martigues, pource qu'il aura tousiours ses hypotheques sur le prix qui succede aux droits de la chose.

Et d'autant que le demandeur par ses contredits derniers a voulu mettre en auant que la reintegrande ordonnée par les Arrests de Grenoble & de Dijon, & Sentence du Seneschal d'Aix, de l'an 86. au profit des heritiers de Anthoine Foissard estoit de la moitié, sur laquelle Michel Foissard ayeul dudit demandeur s'estoit fait colloquer pour ses pretenduës hypotheques, & non de l'autre moitié laquelle ledit Michel possedoit en vertu du pretendu testament. Sera remarquée, s'il plaist à la Cour, la response tres-pertinente que ladite Dame y a faite par ses saluatiõs, par lesquelles elle a clairement iustifié que cette reintegrande ordonnee par lesdits Arrests & iugemẽs estoit de la moitié dont Leonard Foissard premier, & ledit Michel son fils s'estoient emparez en vertu dudit pretendu testament, autres actes faux par eux fabriquez en consequence dudit pretendu testament, pendant les minoritez de Marc & d'Anthoine les Foissards fils, & petit fils de Bertrand.

Et de fait cela est si veritable que ladite reintegrãde auoit esté premierement adjugee par vne Sentence de l'an 545. confirmée par l'Arrest du Parlement de Grenoble de l'an 582 *Atqui* lesdites collocations sont toutes depuis ladite Sentence de l'an 545. recours à icelles produites par le demandeur en sa production premiere sous la Cotte con-sequemment la Sentence de 45. & les Arrests confirmatifs d'icelle, ne peuuent pas estre interpretez & auoir effect pour la moitié des terres d'Istre, possedée par Michel Foissard, & par Georges & Leonard ses enfans en vertu desdites collocations.

Item la Sentence du Seneschal d'Aix de l'an 586. interuenuë en suitte des Arrests condamne Georges & Leonard les Foissards reintegrer les heritiers d'Anthoine Foissard, & leur rendre les fruits de tous les biens & terres, dont lesdits Michel, Georges & Leonard les Foissards s'estoient emparez en vertu des actes declarez faux par les Arrests de Grenoble & de Dijon. *Atqui* ces actes declarez faux, estoiét vne pretenduë quittance tutelaire, & vn pretendu partage desdites terres de l'an 515. faits entre Leonard Foissard bisayeul du demandeur d'vne part, & Marc Foissard fils de Bertrand d'autre part, en consequence dudit pretendu testament; consequemment l'on ne peut pas dire que la reintegrande adiugée soit sur vne autre moitié que celle dont les autheurs du demãdeur s'estoient emparez en vertu desdits actes faux.

Tertiò, par le moyen des collocations prises par les autheurs du demandeur sur la moitié des terres d'Istre & Tour d'Entressens, comme appartenante aux heritiers d'Anthoine Foissard.

Il est vray de dire qu'ils ont recogneu lesdits heritiers d'Anthoine proprietaires de ladite moitié des terres, puis que sur icelle moitié lesdits pere & ayeul du demandeur se faisoient nantir & colloquer pour seureté de leurs hypotheques, & pour asseurance de ce qu'ils pretendoiét leur estre deu par lesdits heritiers d'Anthoine, autrement il seroit vray de dire que lesdits autheurs du demandeur se seroient fait colloquer sur eux mesmes, ce qui seroit absurde; & consequemment apres lesdits Arrests de Grenoble, de Dijon & Sentence du Seneschal d'Aix, il est bien certain que le demandeur ne peut plus rien pretendre auiourd'huy aux terres d'Istre & d'Entressens, sinon en vertu de ses pretenduës collocations, lesquelles ne peuuent pas empescher l'effet de la reünion & faculté de rachapt, dont la cause est precedente.

Et de là resulte vne fin de non receuoir contre le demãdeur, puis qu'il est vray que la terre appartient aux heritiers de feu Anthoine Foissard, lesquels ont donné les mains, & passé condamnation au profit de Madame de Mercœur.

Mais cessant ladite fin de non receuoir, quoy que pertinente & indubitable, Madame de Mercœur fait veoir au procez que le demandeur ne peut pas empescher, ny l'execution de la faculté de rachapt, ny la reünion d'Istre au domaine de Martigues, quand bien il n'y auroit aucune contrelettre portant faculté de rachapt.

Les raisons en sont: Que la Prouence est de l'ancien domaine de France, & que les terres d'Istre & d'Entressens sont de l'ancien domaine de Prouence.

Qu'il soit vray que la Prouence est de l'ancien domaine de France, cela se iustifie par l'histoire de laquelle nous apprenons que la Prouence qui antiennement faisoit partie du Royaume de Bourgongne, dont la capitale & le tiltre estoit Arles, fut conquise par Clouis sur Gondebault frere de Clotilde sa femme: & depuis ayant esté vsurpée par les Ostrogots, elle retomba en la domination des François du temps de Iustin second. Cela si veritable, qu'en la premiere & seconde race des Roys de France elle fut partagée auec les autres Prouinces de France, premierement entre les enfans de Clotaire, & escheut au partage de Gontran Roy d'Orleans & de Bourgongne, partagée encore pour vne seconde fois entre les enfans de Loüis le Debonnaire, elle escheut au partage de Loüis fils puisné, & frere de Lotaire: depuis lequel temps ayant passé en la famille de Boson, qui auoit espousé la fille vnique dudit Loüis, & depuis en celle des Berangers qui l'auoient vsurpée, & en auoient ioüy depuis l'an 1037. iusques en l'an 1227. qu'elle passa en la maison d'Anjou par le mariage de Beatrix fille de Raymõd Beranger auec Monsieur Charles d'Anjou frere du Roy sainct Loüis, qui par ce mariage fut fait Comte de Prouence, & depuis Roy de Sicile, lequel Charles d'Anjou & sa posterité ont tenu la Prouence iusques au temps de la reünion d'icelle à la Couronne, faicte tant par le traicté d'entre le Roy Loüis XI. & René d'Anjou Roy de Sicile fait en l'an 1476. que par le decez de Charles d'Anjou dernier du nom Comte te de Prouence & Roy de Sicile, qui par son testament institua le Roy Loüis XI. son heritier. Et c'est pourquoy les Roys Charles VIII. Loüis XII. & François I. par leurs lettres patentes de reünion de la Prouence au domaine de la Couronne, ont cassé & reuoqué toutes les alienations du domaine du Comté de Prouence, faictes tant auparauant que depuis la reüniõ dudit Cõté au domaine de la Courõne.

Or cela estant & iustifiant par Madame de Mercœur que les terres d'Istre & Tour d'Entressens ont de tout temps fait partie de l'ancien domaine de Prouence, il est sans difficulté qu'elles doiuent receuoir les mesmes priuileges que les terres du domaine de la Couronne, pour dire qu'elles n'õt peu estre alienées sãs la faculté de rachapt perpetuel inherẽte, quoy que nõ exprimee, & qu'à ceste faculté de rachat perpetuel l'õ n'a pas peu deroger par quelque acte que ce soit.

Or pour preuue que les terres d'Istre & Tour d'Entressens soyent de l'ancien domaine de Prouence, cela paroist, & a esté iustifié au procez.

Premierement par vne ancienne declaration faicte du 26. May 1379. par laquelle les habitans d'Istre recognoissent ladite terre appartenir à Ieanne d'Anjou Royne de Sicille, & Comtesse de Prouence, de laquelle ils se recognoissent hommes liges & subiects.

Par vn extraict d'vn vieil compte tiré des Archiues de Prouence, du temps de Marie mere de Louys d'Anjou, & de Charles Prince de Tarente, auquel est fait recepte des redeuances d'Istre.

Par vne autre antienne declaration du dernier Septembre 1394. en forme de Chartre, par laquelle ladite Royne Marie, declare qu'ayant autre fois vendu & engagé la ville de Berré, Baronnie d'Istre & d'Entressens estans de son Domaine, apres les auoir racheptez & reunis à sondit Domaine, elle promet & iure aux habitans desdits lieux, de tenir tousiours lesdits lieux de sondit domaine du Cõté de Prouence pour les y conseruer, ne les separer, vendre ny engager, sinon du consentement desdits habitans, autrement veut que les venditions qui en seront faictes soient nulles, & comme telles elle les reuoque.

Cela iustifié finalement par autres lettres de la Royne

Yoland de l'an 1419. confirmatiues des priuileges des habitans d'Istre. Et par celles de René Roy de Sicile de l'an 1473. par lesquelles à la supplication de Charles son nepueu & presumptif heritier, il vnist & incorpora les terres, villes & Baronnies de Berré, Isles de Martigues, Istre & Tour d'Entressens en vn corps indiuisible & indissoluble, lequel il voulut expressément ne pouuoir estre diuisé en tout ny en partie, ny quant à la proprieté, ny quant à la possession, auec clause irritāte & annulatiue, au cas qu'il en fust fait aucune alienation, & lesdits lieux ainsi vnis & incorporez il les erigea en Vicomté soubs le nom de Martigues, dont il inuestit son nepueu Charles, qui depuis a esté son heritier, & qui au preiudice de ladite prohibition vendit la terre d'Istre à Bertrand Foissard en l'an 1476.

De maniere qu'il est vray de dire que ceste vente & alienation ne peut & ne doit estre reputée que pour vn simple engagemẽt, quand mesmes il n'y auroit point de contrelettre, & par consequent subiecte à la faculté de rachapt perpetuel.

Mais pour leuer toute difficulté, Madame de Mercœur a fait veoir au proces que la contre lettre est, & veritable & non prescripte.

La verité d'icelle iustifiée par les grosses & expeditions d'icelle qui ont esté faictes par les Notaires qui l'ont receuë nommez P. Lucas & P. Laurens, la premiere desdites grosses expediees dés l'an 1482. au pied de laquelle est l'atestation desdits Notaires, en datte du 7. Septembre de ladite année 82. signée & scellée en bonne forme.

La seconde a esté expediée à la requeste & sur la poursuitte de feu Messire François de Luxembourg, & signee dudit Laurens, & de Riuiere au lieu de Lucas.

La 3. expedition qui en a esté faicte, a esté en l'an 1506. le 9. Decembre qu'elle fut compulsée à la requeste de Barthelemy Cappel, les Foissards appellez.

Et en l'an 1531. il y eut enqueste faicte par maistre Louys Martin Conseiller en Prouence sur la validité de ladite faculté de rachapt, outre vne autre enqueste faite en l'an 1518. par le Lieutenant General de Blois, en vertu d'vne commission & compulsoire obtenu par Barthelemy Cappel.

Et depuis les minuttes originales tant du contract de vente que de la faculté de rachapt ayant esté apportées aux Archiues de Prouence, il en a esté deliuré des expeditions tāt aux Cappels qu'aux habitans d'Istre, & depuis à ceux de la maison de Luxembourg.

Cela si veritable que les Foissards ayans voulu reuoquer en doute ladite faculté de rachapt, & l'insimuler de faux par deux diuers Arrests, qui sont des 22. Decembre 1570. & 27. Ianuier 1571. fut dit (apres diuerses inionctions faites aux Foissards de faire apparoir de la pretenduë instance de faux par eux mise en auant) qu'ils declareroient dans trois iours, s'ils se vouloient ayder de ladite maintenuë de faux, autrement qu'il seroit procedé au iugement du procez, nonobstant lesquels lesdits Foissards se sont bien gardez de vouloir entrer en ladite maintenuë de faux.

Tellement que ladite piece doit demeurer pour constante & veritable.

Quant à la pretenduë prescription alleguée par le demandeur, il n'y en a aucune, & pour le faire reconnoistre la vente & contre lettre sont de l'an 1476.

Or il est certain que cessant mesmes le priuilege du domaine, la faculté de rachapt ne se pouuoit prescrire que par 30. ans.

Atqui dés l'an 482. il y eut poursuitte commencée en Prouence par Forbin donataire du Roy contre les Foissards, & lequel Forbin transigea en l'an 484. & ceda son droit à Messire François de Luxembourg. Autre poursuitte faite par les d'Armagnacs en l'an 1502. laquelle demeura en suspens par le moyen de leur deceds. Poursuittes encores par Barthelemy Cappel en l'an 1507. continuée iusques à la subrogation par eux accordée au profit de Madame de Martigues; autre poursuitte à la Requeste du Procureur General en Prouence en execution des lettres patentes du Roy François premier, portant reuocation de toutes les alienations du domaine, & sur laquelle interuint l'Arrest de 1539. portant que les Foissards iouïroient seulement par prouision comme sequestres, & à la charge de rēdre compte des fruits. Autre poursuitte pour la reünion commencée par les habitans d'Istre en l'an 1539. renouuellée en 64. &

continuée iusques à l'Arrest de l'an 1582. obtenu par feu Madame de Martigues.

Et pour monstrer qu'il n'y pouuoit auoir de prescription sera remarqué par la Cour,

Que dés l'an 1517. le Roy François I. par ses lettres du 22. Mars, cassa & reuoqua toutes ventes, cessions & transports faits du domaine du Comté de Prouence par ses predecesseurs, ores qu'elles eussent esté de luy confirmées par expres, entre lesquelles allienations est specifiquement e-noncé le Vicomté de Martigues & ses appartenances.

Et par autres lettres du 9. Auril 1536. est mandé aux Cõmissaires deputez, proceder à ladite reünion de toutes les terres du domaine de Prouence, alienées tant auparauant la reunion du Comté de Prouence à la Couronne que depuis. Cela plus specifiquement esclarcy par autres lettres patentes du 30. Iuin 1539. par lesquelles sa Maiesté declare qu'il entend ladite reunion & incorporation estre faite sans s'arrester aux prescriptions & possessions immemoriales, ores qu'elles excedassent cent ans, ces lettres verifiées au Parlement de Prouence, & extraictes des Archiues de la chambre des Comptes.

Et pour monstrer dauantage qu'il n'y peut auoir de prescription fait à remarquer.

Que la faculté de rachapt presuposée veritable comme elle est appartenoit infailliblement, ou au Roy comme heritier vniuersel de Charles d'Anjou, ou à Messire François de Luxembourg comme legataire du Vicomté de Martigues : or il est bien certain que de prescription cõtre le Roy il n'y en peut auoir eu, par ce que Charles VIII. Roy de Frãce, & fils de Louys XI. vint à la Couronne en l'an 483. aagé seulement de 13 ans, tellement que pendant sa minorité la prescription ne peut auoir eu cours contre luy.

Et contre Messire François de Luxembourg, il n'y pouuoit pareillement auoir de prescription, au moyen du trouble à luy fait en la iouyssance du Vicomté de Martigues par les enfans de la maison d'Armagnac.

Si qu'ayant continuellement plaidé iusques à ce qu'il eust eu la deliurance de son legs du Vicomté de Martigues, il n'estoit pas partie capable pour poursuiure le rachapt d'Istre d'Istre,& reünion d'iceluy au Vicomté de Martigues. Ce fut pourquoy feuë madame de Martigues, apres auoir obtenu par Arrest de l'an mil cinq cents soixante & huict, la deliurance dudit Vicomté auec Monsieur le Procureur General,& s'estre fait subroger aux droits d'iceux, elle obtint lettres patentes du Roy Charles IX. par lesquelles estoit mandé (veu les poursuittes faites par Cappel, par les habitans d'Istre,& par le Procureur General, & les troubles & euictions de ceux de la maison d'Armagnac qui auoit empesché Monsieur de Luxembourg d'agir) proceder au iugement du procés, sans s'arrester à la prescription pretenduë & mise en auant par les Foissards.

Ce sont les raisons & considerations sur lesquelles la Cour par deux diuers Arrests cõtradictoires donnez apres ample disquisition & cognoissance de cause, le premier de l'an 1582. le second de l'an 1609. tous deux interuenus sur vne mesme question & entre mesmes parties, a condamné les Foissards eux desister & departir de la possession & detention de la terre d'Istre, & receuoir leur remboursement, le tout suiuant la faculté de rachapt perpetuel contenu au contract de 476. en laquelle Madame de Mercœur a esté subrogee aux droits de Monsieur le Procureur General: en quoy faisant il est vray de dire que la Cour a iugé trois choses.

La premiere que ladite faculté de rachapt est veritable; La seconde qu'elle n'est point prescripte : & la troisiesme que Madame de Mercœur est partie capable pour l'exercer.

Cela confirmé encores par vn Arrest subsequent donné entre ladite Dame demanderesse en execution d'Arrest, & les Dedons tiers acquereurs de quelques domaines particuliers dependans d'Istre, qui soustenoient auoir prescript comme tiers detenteurs, & auoient somme à garend le demandeur en requeste Ciuille, lesquels encores qu'ils iustifiassent auoir possedé comme tiers acquereurs par plus de 20. ans entre absens, neantmoins ils n'ont pas laissé d'estre condamnez à se departir, & le demandeur condamné en tous leurs despens dommages & interests.

De ce que dessus resulte que le demandeur temeraire &

opiniaſtre plaideur qui feint vne pauureté importune, & qui au fonds n'allegue aucun moyen autre que ceux propoſez au procés, ſur leſquels ſont interuenus les deux Arreſts de mil cinq cens octante deux, & mil ſix cens neuf n'eſt pas receuable, & ſubordinément qu'il eſt mal fondé en ſa requeſte ciuile.

Monſieur le Roullier Rapporteur.

Bertrand Foiſſard, acquereur de la terre d'Iſtre à faculté de rachapt.

Freres

Leonard Foiſſard, tuteur de Marc ſon nepueu, pendãt la minorité duquel, il s'empara de moitié des terres d'Iſtre & de Tour d'Entreſſens.

Marc Foiſſard.

Anthoine Foiſſard decedé sans enfans, inſtituë ſes heritiers, Catherine de Caſtelane ſa mere, & Françoiſe de Sadde ſa femme, chacune pour vne moitié. Ladite de Caſtelane a eu pour heritiers, Barbe de Iuſtas, femme de Ioſeph Griffon. Depuis Louys de Robert & ſa femme: & les heritiers de ladite de Sadde, Françoiſe & Sibylle d'Aſtrault ſes enfãs. Tous leſquels heritiers ont paſſé l'appoinctement du dernier Mars 1608. par lequel ils ont accordé la faculté de rachapt au profit de la Dame Ducheſſe de Mercœur, defendereſſe en Requeſte ciuile.

Michel Foiſſard, fils dudit Leonard, & qui continua ſon vſurpatiõ.

Georges & Leonard Foiſſard freres, enfans dudit Michel, condamnez par les Arreſts des Parlemens de Grenoble & de Dijon, & Sentence d'Aix, de reintegrer les heritiers d'Anthoine en la poſſeſſion des terres d'Iſtre & d'Entreſſens, dont leurs pere & ayeul s'eſtoient emparez pendant les minoritez des fils & petit fils de Bertran.

Leonard Foiſſard fils dudit Georges, qui eſt le demandeur en Requeſte ciuile.

www.ingramcontent.com/pod-product-compliance
Lightning Source LLC
LaVergne TN
LVHW050503160826
845677LV00003B/920
* 9 7 8 2 3 2 9 6 4 7 0 0 5 *